Alma Flor Ada • F. Isabel Campoy

Voces

de

Luis Valdez

Judith Francisca Baca

Carlos J. Finlay

Ilustrado por Pablo Rulfo, Isaac Hernández y Beatriz Rodríguez

ALFAGUARA

INFANTIL Y JUVENIL

Art Director: Felipe Dávalos
Design: Petra Ediciones
Editor: Norman Duarte

Santillana USA Publishing Company, Inc.
2105 NW 86th Avenue
Miami, FL 33122

Biography C: *Voces*

ISBN: 1-58105-413-0

Printed in Mexico

ILLUSTRATORS
ISAAC HERNÁNDEZ: pp. 17-22.
BEATRIZ RODRÍGUEZ: pp. 23-32.
PABLO RULFO: pp. 6-14.

ACKNOWLEDGEMENTS

Page 5 / Luis Valdez. Photo provided by El Teatro Campesino, San Juan Bautista, California.
Page 7 / Children in a migrant worker camp, 1959. Copyright © AP / Wide World Photos.
Page 7 / Migrant workers in a California farm, 1964. Copyright © AP / Wide World Photos.
Pages 8-9 / Migrant worker harvesting tomatoes in California, 1978. Copyright © AP / Wide World Photos.
Page 11 / Ventriloquist Jerry Mahoney. Copyright © 1988 Capital Cities / ABC, Inc. / The Everett Collection.
Page 13 / Luis Valdez. Copyright © 1981 Universal City Studios Inc. / The Everett Collection.
Page 13 / César Chávez and striking farmworkers, 1966. Copyright © George Ballis / Take Stock / The Everett Collection.
Page 15 / Photo by Gia Roland provided by Judith F. Baca.
Page 16 / Judith F. Baca, *Tres generaciones (Three Generations)*. Copyright © Judith F. Baca / Social and Public Arts Resource Center (SPARC), Venice, California.
Page 17 / Judith F. Baca, *Hitting the Wall: Women of the Marathon*, 1984. Copyright © Judith F. Baca / Social and Public Arts Resource Center (SPARC), Venice, California.
Page 19 / Judith F. Baca at age six, Pacoima, California. Photo provided by Judith F. Baca / Social and Public Arts Resource Center (SPARC), Venice, California.
Page 19 / Judith F. Baca at her graduation from Alemany High School, 1964. Photo provided by Judith F. Baca / Social and Public Arts Resource Center (SPARC), Venice, California.
Pages 20-21 / Judith F. Baca, "Triumph of the Heart," 1989. Panel from *World Wall: A Vision of the Future Without Fear*. Copyright © Judith Baca / Social and Public Arts Resource Center (SPARC), Venice, California.
Page 20 / Mural by Diego Rivera, Teatro de los Insurgentes, Mexico City. Photo by Marco / Ask Images / The Viesti Collection.
Page 21 / José Clemente Orozco, *La trinchera (The Trench)*, 1923-27. Escuela Nacional Preparatoria San Ildefonso, Mexico City. Copyright © Clemente Orozco Valladares. Reproduction authorized by the Instituto Nacional de Bellas Artes y Literatura, Mexico City, and the Fundación José Clemente Orozco, Guadalajara, Jalisco.
Page 22 / Judith F. Baca, "Balance," 1990. Panel from *World Wall: A Vision of the Future Without Fear*. Copyright © Judith F. Baca / Social and Public Arts Resource Center (SPARC), Venice, California.
Page 31 / The restaurant Gran París, Havana, c. 1900. Cuban Heritage Collection, Otto G. Richter Library, University of Miami, Coral Gables, Florida.
Page 31 / Havana Harbor, 1904. Cuban Heritage Collection, Otto G. Richter Library, University of Miami, Coral Gables, Florida.

Índice

Luis Valdez   **5**

Judith Francisca Baca   **15**

Carlos J. Finlay   **23**

A Barbara, Carol y Mikey.
Desde Tanglewood, con amor.

A Peg Doherty,
una biografía excepcional.

Luis Valdez

Frank y Armida Valdez vivían en Arizona.
Un día se mudaron a California. Buscaban una vida mejor.
Compraron una finca cerca de Delano, California.
Allí nació su hijo Luis, el 26 de junio de 1940.
Luis fue el segundo de sus diez hijos.

La familia Valdez siempre
estuvo unida por su amor.

Cuando Luis era todavía muy pequeño, sus padres perdieron la finca. Entonces se convirtieron en trabajadores migratorios.

Los trabajadores migratorios van de campo en campo buscando trabajo. Su labor consiste en recoger las cosechas.

Los trabajadores migratorios y sus familias viven en campamentos sin comodidades.

Como tenían que viajar tanto, los niños debían cambiar de escuela con frecuencia. Cada vez tenían que conocer a un maestro diferente.

Y era triste dejar de ver a los amigos. Pero Luis siempre aprovechaba la oportunidad del cambio para aprender cosas nuevas.

En una de sus escuelas la maestra anunció que iban a ensayar una obra de teatro.

A Luis le asignaron un papel. Nunca había hecho teatro. No sabía qué iba a pasar, pero quedó maravillado al ponerse a ensayar.

El teatro nos permite ser cualquier personaje que queramos soñar.

Sin embargo, una semana antes de la representación, su familia le anunció que tenían que mudarse a otro lugar.

Aquello fue muy duro para él. ¡Había querido tanto estar en esa representación! Pero entonces decidió él mismo hacer su propio teatro en el garaje de su abuelo.

¡Cómo se divertían sus hermanos! Creó títeres, inventó historias, y ésas iban con él a todas partes.

Cuando iba al campo a ayudar a sus padres, mientras recogía las cosechas, pensaba en sus personajes, en lo que dirían, cómo se vestirían, cómo se moverían.

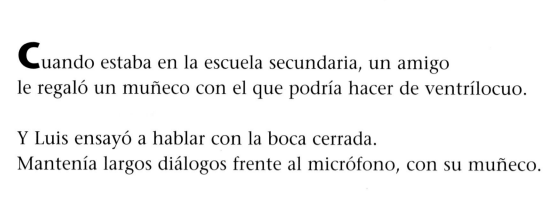

Cuando estaba en la escuela secundaria, un amigo
le regaló un muñeco con el que podría hacer de ventrílocuo.

Y Luis ensayó a hablar con la boca cerrada.
Mantenía largos diálogos frente al micrófono, con su muñeco.

Y así empezó a darse a conocer como artista en San José.

Un día lo llamaron de la televisión. Le querían dar un contrato para que actuara con su muñeco frente a las cámaras en un programa bilingüe. Le pagaban cinco dólares por cada actuación. Era el año 1956. Luis tenía entonces dieciséis años.

El ventrílocuo Jerry Mahoney y sus muñecos eran muy famosos. Luis Valdez veía estos muñecos con frecuencia.

11

Su interés por el teatro no hizo que descuidara sus estudios. Al contrario. Luis sabía que no podría hacer nada sin tener una carrera.

Estudiaba matemáticas y ciencias.
Cuando acabó la secundaria, consiguió una beca para ir a estudiar al San José State College.

La radio hizo popular el teatro en esta época.

Llegó a la universidad con la idea de estudiar ciencias, pero se dio cuenta que podía estudiar literatura y dedicarse al teatro y a escribir guiones para películas.

Luis creó el Teatro Campesino, en el cual los actores son campesinos. Representan obras sobre la vida de los latinos de California.

Un escenario hace que las historias teatrales parezcan de verdad.

Luis Valdez dirigió en 1981
la película *Zoot Suit*,
cuyo guión también escribió.

Ahora Luis se dedica también al cine.
Escribió los guiones de las películas *Zoot Suit*
y *La Bamba*. Y también dirige películas.

Hoy el niño campesino Luis Valdez es
un importante personaje del teatro y del cine.

La vida de Luis Valdez nos enseña
a luchar por lo que queremos conseguir.

Judith Francisca Baca

Judith Francisca era una niña feliz.

La rodeaban tres mujeres para quienes ella era el centro del universo: su madre, su abuela y su tía. Con ellas vivió hasta los cinco años.

Judith se pintó de niña, y luego como una joven artista, junto a su madre Ortencia y su abuela Francisca.

Tres generaciones.

Había otra tía con la que Judith jugaba
como si fuera una niña como ella.

La unión entre estas cinco mujeres
era fuerte, positiva y amorosa.

Entre ellas Judith aprendió a ser fuerte,
a estar segura de sí misma y a sentir amor
y compasión por los demás.

En la ciudad de Los Angeles hay muchos murales.
Este mural de Judith Baca, *Mujeres del maratón,*
se encuentra en la entrada de una de las autopistas
de la ciudad.

17

A los seis años, Judith se fue con su mamá
y su nuevo esposo a vivir a Pacoima, California.

A su llegada a la nueva escuela, la maestra,
que no hablaba español, la puso en un rincón
del aula y le dijo que pintara, mientras ella
daba clases a las demás alumnas.

Judith encontró en sus lápices de colores
a los amigos que necesitaba.

Judith se
encontraba
muy sola
en la escuela.

18

Su pasión por el dibujo fue creciendo.

Y así Judith acabó la escuela secundaria
con el deseo de ir a la universidad y aprender
más sobre pintura.

Cuando terminó sus estudios en la universidad,
Judith creó un proyecto hermoso: trabajar con
un grupo de jóvenes de todas las culturas para
pintar un gran mural.

Ella siempre recordaba la seguridad que le dieron
de pequeña las manos de su abuela, de su familia.
Quiso darle esa seguridad a los jóvenes.

Antes de empezar un proyecto, Judith Francisca
pedía a los miembros de su equipo que se tomasen
de la mano y que supieran que serían todas esas
manos juntas las que harían el trabajo.

Judith a
los seis años.

La graduación fue un
momento emocionante
para Judith y su familia.

19

Este mural de Diego Rivera
está en la avenida de los Insurgentes de
la ciudad de México.

El momento de mayor importancia en su
carrera fue cuando descubrió la pintura de
los grandes pintores mexicanos: José Clemente
Orozco, Diego Rivera y David Alfaro Siqueiros.

Vio fotos de su trabajo y se fue a México
para ver los muros donde se habían pintado
aquellas escenas. Y aprendió el arte de pintar
murales.

"Triunfo del corazón" es uno
de los paneles de *La pared del mundo:
Una visión del futuro sin miedo.*

La municipalidad de Los Angeles comprendió el gran proyecto de Judith y le dio lo que necesitaba para crear los casi doscientos cincuenta murales multiculturales que hoy pueden verse por toda la ciudad.

Su proyecto más grande fue el mural de *La gran pared*, en San Fernando Valley. Tiene media milla de largo.

Y desde Los Angeles, al mundo entero.

Baca ha creado otro monumental mural titulado *La pared del mundo: Una visión del futuro sin miedo*. En él expresa sus sentimientos en favor de la paz entre los pueblos. Este mural ha viajado a Moscú y a otras partes del mundo.

Este mural de José Clemente Orozco, *La trinchera*, se encuentra en la Escuela Nacional Preparatoria San Ildefonso, de México.

21

Este panel de su mural *La pared del mundo: Una visión del futuro sin miedo* se llama "Equilibrio" y se ha exhibido en muchos países.

La vida y la obra de Judith Francisca Baca refleja su fe en la familia y su esperanza en la voluntad de la gente para crear la paz y la justicia entre los pueblos.

Carlos J. Finlay

Carlos Juan quería ser médico.
Quería curar a los enfermos.
Su padre era médico.
El sería médico también.

Carlos Juan nació en Cuba,
en la ciudad de Camagüey.
Sus padres no eran cubanos.
Su papá venía de Escocia
y su mamá de Francia.

Él estaba orgulloso de ser cubano.

Carlos Juan era un niño curioso.
Su expresión preferida era ¿por qué?
Quería conocer los misterios de la naturaleza.
Saber sobre los animales, las plantas,
la vida en general.

A los once años lo mandaron a estudiar a Francia.

A los dos años de estar allá, Carlos Juan enfermó.
Se puso grave. Muchos médicos trataron de salvarle
la vida. Regresó a Cuba. Y tuvo que aprender de nuevo
a hablar.

Carlos Juan se salvó, pero nunca pudo hablar
tan bien como antes. Le quedó para siempre
un defecto al hablar.

Carlos Juan acabó la carrera a los veintidós años.
Estudió en Francia, Alemania, Estados Unidos y Cuba.

A su regreso a Cuba le preocupó una enfermedad
que causaba la muerte a muchos pacientes. La piel
se les ponía amarilla. Por eso la llamaban fiebre amarilla.

Nadie conocía la causa de la fiebre amarilla.
Unos médicos decían que era el calor. Otros que era
la suciedad. Otros creían que era la ropa de los
enfermos la que contagiaba la fiebre.

Carlos Juan notó que en la época de calor, cuando las charcas de agua se poblaban de mosquitos en verano, era cuando había más enfermos de fiebre amarilla.

Y decidió observar a los mosquitos.
¿Serían ellos la causa?

Finlay se dio cuenta que si un mosquito picaba a alguien que estaba enfermo y luego picaba a otra persona, le contagiaba la enfermedad.

Carlos Finlay trató de explicar su descubrimiento a otros médicos.

Viajó a Washington.
Habló en una gran reunión de medicina.
No le hicieron caso. Se reían de su idea.
No lo respetaban porque tenía dificultades para pronunciar las palabras.

Lo llamaban el doctor de los mosquitos.

Los mosquitos pueden transmitir enfermedades. Este mosquito es el Aedes aegypti y transmite la fiebre amarilla.

Finlay cultivaba sus propios mosquitos para estudiarlos.

Pasaron los años.
Un grupo de médicos de
Estados Unidos fue a Cuba.
Querían estudiar la fiebre
amarilla. Los dirigía Walter
Reed. Finlay fue a verlos.

El médico cubano de barba
blanca les explicó su idea.
Al principio no le hicieron caso.

Por fin Reed decidió escuchar
a Finlay. El médico cubano le
dio sus papeles. Todo su trabajo
de treinta años. Le dio hasta
sus mosquitos.

Los médicos norteamericanos
decidieron probar la idea. Un
médico valiente, el doctor
James Carroll, dejó que lo picara
un mosquito. El mosquito ya
había picado antes a un enfermo.
El doctor Carroll se enfermó.
La idea de Finlay era cierta.

Bahía de La Habana,
a principios del siglo xx.

Gracias a Finlay, se combatió
a los mosquitos. En Cuba y en
otros países tropicales echaron
petróleo sobre las aguas
estancadas.

Desaparecieron los mosquitos.
Desapareció la fiebre amarilla.
La gente dejó de enfermarse.
La gente dejó de morir.

Restaurante Gran París, en
La Habana, a principios
del siglo xx.

Walter Reed trajo a Estados
Unidos el resultado de sus estudios.
Le dieron todos los honores.

Lo llamaron el descubridor de
la cura de la fiebre amarilla.

Pero nadie se acordó de Finlay.
Finlay murió sin que nadie le diera
las gracias.

Cuarenta años después de su muerte,
se le ha reconocido su contribución
a la investigación médica.

FINLAY